Els Hoebrechts

Luna komt op tv

Tekeningen van Helen van Vliet

Zwijsen

Toegekend door KPC Groep te 's-Hertogenbosch

1e druk 2006

ISBN 90.276.6358.0

NUR 286

© 2006 Tekst: Els Hoebrechts
Illustraties: Helen van Vliet
Vormgeving: Rob Galema
Uitgeverij Zwijsen B.V., Tilburg

Voor België:
Zwijsen-Infoboek, Meerhout
D/2006/1919/116

Inhoud

1. Wie mag er mee?

Ik hoop dat ik win, denkt Luna.
Ik wil naar de studio.
Dan word ik lekker bekend.
Luna kijkt voor zich uit.
Ze wacht.
Ze is nerveus.
Ze trilt.
Ook haar neus trilt van de spanning.
In de klas van toneel is het warm.
Elk meisje wil de eerste prijs.
En elke jongen wil de eerste prijs.
Die eerste prijs is: naar de studio.
Je spreekt op de tv.
Je doet mee in een spot.
Iedereen kijkt naar jou en herkent je.

Juf Ellen zegt: 'Jullie waren goed.
Heel goed.
Maar eentje is de beste.
En dat is … Luna.'
'Luna, dat ben ik!' roept Luna.
'Ik speel het meisje.'
En wie wordt de jongen?
Wie wordt de winnaar van de jongens?
Wie is de beste?
'Er gaat geen jongen mee van deze klas,' zegt
juf Ellen.
Luna begrijpt het niet.

Ook de andere kinderen zijn verwonderd.

'Wie gaat er dan mee?' vraagt een jongen.
'Ja, wie is het dan?' vraagt er nog een.
'Dat weet ik niet,' zegt de juf.
Jammer, denkt Mano.
'Jammer,' zegt Pieter.
Ai, denkt Luna.
Luna wil samen met Mano of met Pieter.
Ze wil niet met een andere jongen.

De les is voorbij.
Iedereen gaat naar huis.
Alleen Luna blijft.
Ze zit bij de juf en krijgt haar tekst.
Die moet ze oefenen voor het spotje.
Luna is bang.
Wat als ze het niet kan?
Wat als het mis gaat?
Dan is het op tv.
En dan lacht iedereen om haar.
Nog een paar keer slapen en het is zover.
Dan mag ze naar de studio …

2. Onderweg

Luna zit voor het raam.
Ze wacht en wacht.
Ze leest haar tekst.
Ze leest een keer en nog een keer.
Waar blijft die auto? denkt ze.
Ze loopt wat rond.
Dan gaat ze terug naar het raam.
Er stopt een auto.
Een dame stapt uit.
Het is de dame van de studio.
Ze belt aan.
Luna wil niet meer mee.
Ze kruipt het liefst in haar bed.
Ze durft niet meer.
Haar hoofd voelt warm aan.
Toch doet ze de deur open.
'Hoi!' zegt de dame.
'Ik ben Lies van de studio.
Ga je mee?'
Luna knikt traag 'ja'.
Ze stappen in de auto.
De deur klapt dicht.
'Ben je er klaar voor?' vraagt Lies.
'Ja,' zegt Luna stil.
Maar ze denkt 'nee'.
Luna kijkt naar Lies.
Lies is mooi, heel erg mooi.

Luna voelt zich niet fijn.
Haar buik doet raar.
En haar hoofd voelt vreemd.
Ze prutst aan haar ketting.
Aan haar ketting hangt een paardje.

De rit duurt lang … veel te lang.
Luna is nerveus en bang.
Ze stoppen voor een modern, wit huis.
Er komt een jongen naar buiten.
Hij is groot.
En hij ziet er stoer uit.
Hij is ouder, denkt Luna.
'Dit is Sem,' zegt Lies.
'Hij gaat mee.
Hij speelt de jongen.'

'Dag,' zegt Sem.
'Dag,' zegt Luna.
Sem en Lies praten de hele tijd.
Blijkbaar kennen ze elkaar al.
Luna zegt niets.
Ze denkt aan de spot op tv.
Het lukt vast niet.
Het lukt vast niet.
Zo gaat het door haar hoofd.
Ze kijkt door het raam naar buiten.

'De eerste keer?' vraagt Sem.
'Ja,' zegt Luna.
Sem lacht.

Wat een oen, denkt Luna.
Hij vindt zichzelf zeker stoer.
Luna staart weer naar buiten.
In de verte ziet ze de stad.
De studio komt steeds dichterbij.

3. De studio

Lies draait een nogal donkere straat in.
Is de studio hier? denkt Luna.
De straat ziet er een beetje eng uit.
Sem kauwt op zijn kauwgum.
Hij laat een bel knallen.
PANG.
Luna kijkt boos.
Idioot, denkt ze.
'We zijn er bijna,' zegt Lies.
'Maar dat weet jij wel, hè Sem.'
Hij is hier al eens geweest, denkt Luna.

Ze stoppen voor een woonhuis.
De deur is smal.
Hij is wit met blauw gestreept.
Naast de deur zijn drie groene knopjes.
Bij de onderste knop staat:
STUDIO. Eenmaal lang bellen.
Lies drukt op de bel.
Er komt niemand.
Ze drukt nog eens.
Plots horen ze iemand.
De deur gaat open.
'Ha die Lies!'
Een lange, smalle man lacht.
'Kom toch binnen.
Is de rit goed gegaan?
Dag Luna, ik ben Ward.

Ik werk voor de studio.
En ik woon hier naast de studio.
Handig hè.
Willen jullie iets drinken?'

In het woonhuis is het kil.
Aan de muur hangt een raar schilderij.
Het lijken wel blote billen.
Er staat ook een foto van de man.
Daar lijkt hij nog jong.

Sem drinkt een cola en Lies een koffie.
Luna moet dringend plassen.
Ze wil naar de wc.
Ward wijst haar de weg.
Luna opent de witte deur.
Oef, even alleen, denkt ze.
Ze wil naar huis.
Was die dag maar voorbij.
Ze snuit haar neus en denkt:
Kom op, meid.
Je was de beste van de klas.
Nu moet je het waarmaken.

Achter het woonhuis is de studio.
Ze moeten eerst door de tuin.
Dan is er een deur en meteen nog een.
Dat is tegen het lawaai.
In de studio mag geen geluid naar binnen.
Dat kan storen.
Overal zijn knopjes en lichtjes.

Luna kijkt haar ogen uit.

'Wie gaat eerst?' vraagt Ward.
'We starten met het lezen van de tekst.
Het filmen is voor straks.'
Luna kijkt naar de grond.
Ze durft niet.
Ze weet niet wat ze moet doen.
Ze prutst aan haar ketting.
Sem kijkt naar haar.
'Ik ga wel,' zegt hij stoer.
Ward en Sem gaan in een hok.
Het hok is niet zo groot.
Sem moet op een stoel.
Er staat een microfoon.
'Hij staat te laag,' zegt Sem.
Ward zet hem wat hoger.
Dan moet Sem wat zeggen.
'Test één twee,' zegt hij.
Sem moet een stuk tekst lezen.
Ward prutst aan de knopjes.
De lichtjes dansen op en neer.
'Dat zit goed!' roept Ward.
'Ben je er klaar voor?'

4. Sem

Sem schraapt zijn keel.
'Ga je gang,' zegt Ward.
'De computer loopt.'
Sem leest zijn tekst.
Het gaat heel vlot.
Het lijkt wel of hij het elke dag doet.
Zo goed gaat het.
Hij zit stil op de stoel.
Maar toch leest hij niet saai.
Hij zucht niet eens.
Hij kucht niet eens.
'En even stoppen!' roept Ward.
Ward prutst nog wat aan een knop.
En dan mag Sem verdergaan.

Luna zweet.
Haar handen plakken.
Dit kan ik nooit, denkt ze.
Lies staat te kijken naar Sem.
En ook Ward, de man van de knopjes kijkt.
Dan ziet Luna nog een andere man staan.
Hij is al wel veertig.
En hij draagt een rode mobiele telefoon.
De man lacht en gaat dan weg.
Hij glipt de hoek om.
En Sem … die leest en leest.
Het gaat over zeep en puistjes.
Hij leest over een donszachte huid.

En ook over een kus.
Sem straalt.
Dit doet hij heel erg graag.

'Stop!' roept Ward.
Hij drukt op de knop.
'Een slok water voor Sem.
Zijn stem staat er al op.
Luna, hou je klaar!'
Luna slikt.
Het is niet waar.
Ze is aan de beurt.
Ze plakt aan haar stoel.
Lies geeft een knipoog.
Ze steekt haar duim in de lucht.

5. Fout en nog eens fout

Luna staat op en gaat naar het hok.
Haar tekst valt op de grond.
Ze weet niet meer waar het begin is.
Lies helpt haar en zoekt mee.
'Dit is blad één,' zegt ze.
'Doe maar kalm aan.'

In het hok is het warm.
Er is weinig frisse lucht.
De stoel staat te hoog.
Luna zit voor de microfoon.
Ward geeft haar tips.
'Niet te dicht, niet te ver.
Niet met het papier schuiven.
Stilzitten.'
Ze moet een stuk doen als test.
Ward prutst aan de knopjes.
De stem van Luna knalt door de box.
'Au,' roept Ward!
'Niet zo luid.
Mijn oor doet er pijn van.'
Sem lacht.
En Lies lacht.
Luna wordt rood.
Ze leest nog een stuk.
'Iets te zacht.'
Ze leest wat luider.
'En nu rustig,' zegt Ward.

'Doe maar kalm aan.'

Luna weet het niet meer.
Het is niet goed.
Ze kijkt naar Lies.
Ze kijkt naar haar tekst.
De letters dansen.
Ze ademt in en leest verder.
'Goed, Luna. Dat is al veel beter.'

'Pauze!' zegt Ward.
'Het is bijna middag.
We nemen een halfuur.'
Luna is blij en niet blij.
Het ging niet zo goed.
Ze is nog niet klaar.
Maar ze wil weg van de studio.
Zo kan ze even alleen zijn.

Sem zit op een kruk.
Hij drinkt een cola.
Dan kijkt hij naar Luna.
'Eerste keer hè,' zegt hij.
Luna is boos.
Wat denkt die wel?
Ze draait haar hoofd weg.
'Waar is de bakker?' vraagt Luna.
'Ik lust wel een broodje.'
'Je loopt de straat uit,' zegt Ward.
'Dan ga je naar links.
Daarna neem je de eerste rechts.'

Luna loopt de studio uit.

Lucht!

Ze snuift de lucht op.

Wat doet dat goed!

Ze staat in de tuin.

De tuin is heel groen met veel bloemen.

Wat gek … een studio met een tuin.

Zo had ze het niet verwacht.

En wie was die man met de rode mobiel?

6. Naar de bakker

Luna loopt de straat door.
Op de hoek gaat ze naar links.
De straat is grijs.
De huizen zijn saai.
Er is een kiosk met kranten.
Wat verder staan een paar jongens.
Luna moet er voorbij.
Dan moet ze de straat naar rechts nemen.
En daar moet de bakker zijn.
Ze steekt de straat over.
Zo hoeft ze niet langs de jongens.
Was ze maar hier met Mano of Pieter.
Sem vindt ze maar niks.

Plots steken de jongens de straat over.
Ze volgen Luna.
Ze stapt vlug door.
Ze zijn nu heel dichtbij.
'Hé!' roept een jongen.
'Wacht eens,' zegt er één.
Luna weet niet wat ze moet doen.
Ze begint te rennen.
Ze loopt zo snel ze kan.
Dan ziet ze een steeg.
Luna verstopt zich in een inham.
De jongens ziet ze niet meer.
Ze zijn gestopt.
Oef, denkt Luna.

Die ben ik kwijt.

Luna weet niet meer waar ze is.
Ineens mist ze iets.
Ze voelt aan haar hals.
De ketting!
Haar ketting is weg.
Ook dat nog, zucht Luna.
Luna zoekt op de grond.
Ze kijkt in het gras langs de muur.
Ze voelt op haar buik.
Maar de ketting is weg.
Ze loopt de steeg verder door.
Ik moet terug, denkt ze.
Maar hoe?
Ze gaat langs een klein plein.
Dan neemt ze weer een straat.
Aan het einde ziet ze een poort.
Op de poort hangt een briefje.
Luna wil weten wat erop staat.
Ze loopt tot aan de poort.
Luna leest: *De anti-Sem-club.*
De anti-Sem-club?
Luna denkt aan Sem.
Dit gaat toch niet over hem?
Stel je voor, denkt Luna.
Zacht opent ze de poort.
Ze is muisstil.
Aan de muur ziet ze posters.
Er staan zangers op.
Hier en daar ziet ze ook een filmster.

Er hangen ook knipsels uit de krant.

Plots hoort Luna een stem.
Ze sluipt naar een deur.
Dan kijkt ze door de kier.
O nee!
Het zijn de jongens van op straat.
Luna herkent hen meteen.
Ze houdt haar oor tegen de deur.

'Nog een halfuur en we zijn weg.
Sem zal geen stem meer hebben!
Je kent het plan.
We gaan langs de tuin.
De ton staat klaar aan de muur.
Daar kruip je op.
Zo kun je over de muur.'
'Goed,' zegt een van de jongens.
'Jij zorgt voor de mix van peper.
Die moet in het glas van Sem.
En jij zorgt voor de muntjes.
Die zijn gloeiend heet.'

7. Paniek!

Luna luistert niet meer.
Ze holt de poort uit.
Snel! denkt ze.
Ik moet snel zijn.
Nog een halfuur heb ik.
Ik moet de weg vinden.
Sem moet nog een tekst lezen.
Ik moet nog een stuk doen.
En er is ook nog niets gefilmd.

Luna's hart bonkt.
Ze denkt even niet meer aan de tekst.
Ze denkt aan Sem.
Daar is de steeg.
Luna loopt erdoor.
Dan moet ze naar links.
Ja, hier was ik al eerder.
Luna zucht.
Nu weet ik het niet zo goed, denkt ze.
Kom op, meid.
Je moet de stem van Sem redden.
Plots ziet ze iets op de grond.
Het blinkt.
Luna bukt zich.
Het is haar ketting!
'Ja!' roept ze.
Ik weet de weg weer.
En mijn ketting brengt geluk …

Luna holt verder zo snel als ze kan.
Ze ademt vlug.
Op de hoek stopt ze en kijkt rond.
Ja, denkt ze.
Hier ben ik straks ook geweest.
Dan ziet Luna de winkel met kranten.
Nu weet ze het zeker.
De studio is niet ver meer.
'LUNA!'
Luna kijkt om.
Het is Sem.
Hij is buiten adem.
'Waar was je toch al die tijd?
Ik zoek je al bijna een halfuur.
Ward en Lies wachten op je.
Was je de weg kwijt?'

Luna is blij dat ze Sem ziet.
'Sem! Luister.
Ik zag de anti-Sem-club.
Dat zijn drie jongens met een plan.
Nog even en ze komen naar de studio.
Ze willen je stem stukmaken.
Ze willen peper in je glas doen!
En hete muntjes klaarleggen.'
'Echt?' zegt Sem.
'Ze geven het maar niet op.
Die jongens zijn van mijn school.
Ze zijn jaloers.
Al heel lang.
Omdat ik voor de studio werk.

De studio is van mijn vader.
En de jongens willen ook op tv.
Ze pesten me de hele tijd.'
'Zit dat zo …' antwoordt Luna.
Luna denkt na.
'Dat kan toch niet, Sem.
We moeten er iets aan doen!
Snel!
De klok tikt!'
'Oké, kom op: naar de studio!' zegt Sem.
'We leren die jongens een lesje.'

8. Het plan

Luna en Sem rennen de tuin door.
Ze klappen de deur van de studio open.
BAM!
Lies schrikt.
Ward schrikt ook.
'Waar is mijn vader?' roept Sem.
'Hier!'
Luna ziet een man met een mobiel.
Die man is de vader van Sem.
Het is de man die Luna al eerder zag.
Hij keek naar Sem die zijn tekst las.
Luna en Sem zijn nat van het zweet.
En de neus van Luna trilt.
'Rustig maar,' zegt de vader van Sem.
'Wat is er aan de hand?'
Luna vertelt en Sem vertelt.
De klok tikt verder.

Luna heeft een idee.
'We zetten iets onder aan de muur.
Water!'
'Jeukpoeder,' zegt Sem.
'Oké,' zegt de vader van Sem.
'Dat doen we.
En we filmen alles.'
'Ja, goed idee!'
Luna en Sem stralen.
'Snel, er is bijna geen tijd meer.'

Luna vult een kom met water.
De kom moet onder de struik staan.
Zo kunnen de jongens het water niet zien.
Sem strooit jeukpoeder in de struik.
De vader van Sem haalt de camera erbij.
Lies helpt ook.
En Ward zorgt voor de kabels.

Alles staat klaar.
Nu moeten ze wachten.
Luna en Sem zitten achter een struik.
Lies en Ward ook.
De vader van Sem staat achter de camera.
En de camera staat ook verstopt.
En nu maar hopen dat het plan lukt.

9. Over de muur

Luna en Sem horen iets.
Sem steekt zijn duim in de lucht.
Zijn vader staat klaar.
Lies knipoogt naar Luna.
De ton beweegt.
Het is zover.
Eén hoofd komt boven de muur uit.
'Shht, stil,' zegt de jongen.
'Ze mogen ons niet zien.
Kom ook maar op de ton.
Ik trek je erop.'
Twee jongens kruipen over de muur.
Ze springen in de struik.
Plets … in het water.
'Au!' roept de eerste.
'Aah!' zegt de tweede.
De derde jongen weet niet wat er gebeurt.
Hij klimt ook op de muur.
Dan ziet hij zijn vrienden op de grond.
Hij ziet de camera.
De twee zien de camera nu ook.
Ze zijn bleek en wit.
Er komt geen woord uit hun mond.
De jeuk komt op.
Hun huid wordt rood.
Hij zit vol met vlekken.
En Luna en Sem staan te kijken.

De vader van Sem lacht.
Lies lacht.
En ook Ward kan zijn lach niet bedwingen.
Luna is trots.
Haar plan is gelukt!
Ze voelt zich niet meer slecht.
Nu heeft ze toch iets goed gedaan.

De jongens krijgen een handdoek.
'Jullie willen op tv?' vraagt vader.
'Uh ja, meneer.'
'Wel, dan kan ik jullie helpen.
Jullie stunt is gefilmd.
Wij maken een spot over de gezonde huid.
Jullie laten zien hoe het niet moet.
Jullie zitten vol schrammen en vlekken.
Dat zal erg grappig zijn op tv.
Luna en Sem moeten nog voor de camera.
Zij laten zien hoe het wel moet.
Ze moeten hun gezicht wassen.
En ze gebruiken ook een crème.
Dat is de nieuwe spot.
Wat denken jullie ervan?'

De jongens kijken hun ogen uit.
Ze mogen echt op tv!
Dat is wat ze al zolang willen.
En daarom zijn ze ook zo jaloers op Sem.
Die is al zo vaak op tv geweest.
De jongens kijken naar Sem.
Zijn vader geeft hun een kans.

Ze zijn te ver gegaan.
'Sorry,' zegt een van de jongens.
'We wilden gewoon ook op tv.'
'Tja …' zucht Sem.
'Dat had je toch gewoon kunnen vragen.
Jullie pesten me al maanden.
Ik wist eerst niet eens waarom.
Nu is alles duidelijk.'
'Sorry Sem,' zegt de andere jongen.
Sem glimlacht.
Hij kijkt naar Luna.
'Dankzij jou is nu alles opgelost.
Luna … bedankt!'
Luna bloost een beetje.
'En nu is het jullie kans,' zegt Sem.
'Ik doe het zo vaak.
Nu kunnen jullie ook eens op tv komen.'

10. Studio-opname

'Wij moeten nog werken,' zegt vader.
'Luna en Sem … in het hok.
We maken onze spot af!'
Luna voelt zich goed.
Ze kan het misschien toch wel.
Ze volgt toneel en voordracht.
Dat zal ze laten zien.
Luna zet zelf de microfoon goed.
Ze schraapt haar keel.
En ze leest en leest.
Lies steekt haar duim in de lucht.
Luna straalt.
Ze zweet niet meer.
De letters dansen niet meer.
En ze is niet meer rood.
'Heel knap!' roept Lies.
'Mooi!' zegt de vader van Sem.
'Prima,' zegt Ward.

Luna mag uit het hok.
Ze is heel blij.
Haar tekst is nu helemaal gelezen.
Alles staat op de computer.
Daar zorgt Ward met zijn knopjes voor.
Sem doet ook nog een stuk tekst.
Hij is heel goed.
Maar hij doet het al zolang.
En hij is geen oen, denkt Luna.

Ik vind hem zelfs heel lief.
'Het werk is klaar,' zegt vader.
'Of toch bijna …'

Luna moet nog voor de camera.
Lies heeft alles klaargezet.
Ze borstelt de haren van Luna.
Zo ziet ze er beeldig uit.
Ward staat te wachten.
En de vader van Sem volgt het draaiboek.
De spots zijn aan.
Dat voelt heel warm.

'Eerst oefenen we een keer.
Als het goed gaat, nemen we op.'
Luna weet wat ze moet doen.
Ze heeft thuis voor de spiegel geoefend.
Ze neemt wat water in haar handen.
Dan wast ze haar gezicht.
Ze kijkt recht in de camera.
Ze neemt de crème tegen puistjes.
Die crème wrijft ze zachtjes in.
Dan lacht ze heel blij.
Nu komt Sem.
Hij ruikt aan het gezicht van Luna.
Hij geeft haar een zoen.
Wat ruikt ze lekker!

Het lukt niet na één keer.
Soms is Luna te vlug.
Soms is Sem te traag.

Dan weer is het licht niet goed.
Of er is iets mis met de camera.
Maar dat is nu eenmaal zo.
Filmen is niet makkelijk.
En filmster zijn nog minder.

'Ik heb nog werk voor de jongens!'
Vader lacht.
De jongens kijken verrast.
'Ik heb nog drie stemmen nodig.
Het moeten jongens zijn die lachen.
Kunnen jullie dat?'
De jongens lachen al.
Dat zien ze wel zitten.
Ze mogen samen het hok in.
Het hok is klein.
Maar ze vinden het fijn.
Ze lachen en lachen.
Ze kunnen niet meer ophouden.
De opname start.
Het gaat meteen goed.
De jongens kunnen heel grappig lachen.
'Het staat erop!' roept vader.
'Heel erg bedankt!'
De duimen gaan in de lucht.
De jongens komen uit het hok.
Ze hebben het warm.
Dan drinken ze samen op de goede afloop.
De jongens hebben spijt van hun gepest.
Ze waren jaloers en dat was niet nodig.
'Op een drukke dag!' zegt vader.

'Proost!'

De vader van Sem loopt even weg.
Hij komt terug met een brief.
Die geeft hij aan de jongens.
'Dit adres is van een school in de buurt.
Je kunt er voordracht en toneel volgen.
Jullie zijn altijd welkom hier.
Maar volg eerst wat les …
En dan heb ik nog wel wat voor jullie!'
De jongens lachen.
Sem lacht en Lies lacht.
En Luna … Luna is in de wolken.
Ze komt volgende maand op tv.
En iedereen zal haar zien!

Zoeklicht

De serie Zoeklicht is bestemd voor kinderen van
9 tot en met 12 jaar. De boeken zijn spannend,
maar ook heel toegankelijk. Er zijn vier
leestechnische niveaus:

Zoeklicht start   AVI 3

Zoeklicht *   AVI 4

Zoeklicht **   AVI 5

Zoeklicht ***   AVI 6-7

Andere spannende Zoeklichtboeken

Naar Niet-Saai-Land
Het is saai vandaag.
Ties verveelt zich.
Suus ook.
'Ik weet wat!' roept Ties.
'We gaan naar Niet-Saai-Land!'
Samen gaan ze op pad.
Naar een plek waar ze nog nooit zijn geweest.

Een nacht op een woonboot

Isa gaat logeren bij tante Mimi.
Ze moeten met de metro.
Na een poosje stapt tante Mimi uit.
Isa loopt met haar mee naar buiten.
Maar eh … is dat tante Mimi wel?
Nee, tante Mimi zit nog in de metro!
En Isa staat alleen op het perron.
Wat moet ze doen?